AF460059

SOUVENIRS

DE LA FÊTE

DE CINQUANTAINE

DE

M. L'ABBÉ FURON

COMME CHAPELAIN

DE LA

COMMUNAUTÉ DU BON-SAUVEUR

DE CAEN

11 JUIN 1889

SOUVENIRS

DE LA FÊTE

DE CINQUANTAINE

DE

M. L'ABBÉ FURON

COMME CHAPELAIN

DE LA

COMMUNAUTÉ DU BON-SAUVEUR

DE CAEN

11 JUIN 1889

BAYEUX. — IMPR. O. PAYAN.

A MONSIEUR L'ABBÉ

MICHEL FURON

NÉ A TOUR, PRÈS BAYEUX, LE 19 OCTOBRE 1809

PRÊTRE LE 7 JUILLET 1833

Chanoine honoraire de l'Insigne Église Cathédrale de Bayeux

LE 17 FÉVRIER 1869

CHAPELAIN

DE LA COMMUNAUTÉ DU BON-SAUVEUR DE CAEN

depuis le 13 février 1839

HOMMAGE

de profond respect, de reconnaissance et de filiale affection ! !

... Nec tarda senectus
Debilitat vires animi, mutatque vigorem.
... La tardive vieillesse
Lui garde, avec l'esprit, sa vigueur de jeunesse.

(VIRGILE, *Enéide*, Liv. IX, 610.)

AD MULTOS ANNOS!

O Seigneur, Il sera bientôt octogénaire,
Conservez-le, pour qu'il devienne centenaire!

11 Juin 1889.

Le temps a fui, dans sa course rapide,
Cinquante hivers ont passé sans retour ;
Nous te voyons, Prêtre aimable, intrépide,
Plein de zèle et fidèle à Dieu toujours !...

Cinquante ans ! oh ! quand toute ardeur s'efface,
Quand tout amour est si vite affaibli ;
(Feu brillant d'une aurore, et dont la trace,
Meurt, hélas ! sous les cendres de l'oubli) ;

Le tien, ô Père, a su vaincre l'épreuve,
Et la peine, et le temps, qui glacent tout...
Pour ton Jésus, ton âme est toujours neuve,
Et, comme hier encor, toujours debout !

O Fils de Dieu ! dont la vie éternelle
N'eut point d'aurore et n'aura point de fin,
Donne à ses jours une flamme nouvelle,
Qui le fera survivre sans déclin !

(Envoi du Bon-Sauveur d'Albi.)

Le mardi 11 juin 1889, la Communauté du Bon-Sauveur de Caen a célébré solennellement la fête de cinquantaine de M. l'Abbé Furou, comme Chapelain de la Maison. Cette fête, assurément, a rappelé, par plus d'un côté, les témoignages de respect et de vénération que la Communauté avait prodigués à son vénéré Père, il y a six ans, lors de sa cinquantaine sacerdotale ; toutefois, il est incontestable que ces témoignages si unanimes et si touchants, bien loin de s'affaiblir, se sont manifestés, au contraire, avec une nouvelle énergie et un enthousiasme plus grand encore que la première fois. Tant il est vrai que les années, en ajoutant toujours un trait de plus aux services rendus, augmentent, en même temps, la dette de reconnaissance des obligés envers leurs bienfaiteurs!

Si l'on s'en fût tenu rigoureusement à la date précise, cette fête aurait dû être célébrée le 13 février, car ce fut ce même jour, en 1839, cinquante ans auparavant, par conséquent, que M. l'Abbé Furon, alors vicaire de Saint-Laurent et aumônier de l'Hôpital-général de Bayeux, fut désigné par Monseigneur Robin, pour remplir les fonctions de chapelain de la Communauté du Bon-Sauveur de Caen. Le vénéré prêtre était alors bien jeune; il n'avait que vingt-huit ans et quelques mois; mais l'Administration épiscopale n'avait pas à tort compté sur sa piété, sur sa science, sur sa régularité, sur sa prudence, sur son zèle et sur son dévouement modeste et toujours désintéressé. NN. SS. les Évêques qui, depuis, ont présidé au gouvernement de l'Église de Bayeux, ont tous et chacun environné M. Furon de leur affectueuse considération: et plus de vingt années se sont écoulées maintenant, depuis le jour où Monseigneur Hugonin a daigné récompenser tous les mérites de ce prêtre zélé, en le nommant Chanoine de son Insigne Eglise Cathédrale.

Mais, le 13 février dernier, il était impossible de songer à aucune fête. Malgré sa robuste vieillesse, en effet, M. Furon était alors sérieusement souffrant, si sérieusement même, qu'il dut, à ce moment, se décharger, à son grand regret, des soins du pensionnat qu'il dirigeait depuis de longues années. Quelques jours après, lorsqu'étant complètement rétabli, il fut consulté à ce sujet, il préféra remettre, au temps de la belle saison, la solennité joyeuse qu'on lui préparait, laquelle aurait eu, quoi qu'on eût fait, un certain caractère de tristesse, si on l'avait célébrée au milieu des frimas.

Ce fut Monseigneur l'Évêque de Bayeux qui, définitivement, fixa la date du 11 juin, mardi de la Pentecôte. Sa Grandeur, pour donner un nouveau témoignage d'affection à l'un de ses prêtres les plus vénérables et les plus méritants, voulait Elle-même prendre part à la fête : c'était le seul jour dont Elle pût disposer, au moins en partie.

Dès lors, tout le monde au Bon-Sauveur songea aux préparatifs. MM. les Chapelains, avec un dévouement inspiré par un respect presque filial, ne ménagèrent, dans ce but, ni leur temps, ni leur peine. De son côté, la Communauté toute entière s'ingénia, on peut bien le dire, à chercher tous les moyens possibles pour fêter, dans la circonstance, son Père vénéré. Les invitations furent faites. Les principaux membres du clergé de la ville de Caen,

MM. les Curés des paroisses et MM. les Chapelains des Communautés furent priés d'assister à la cérémonie. D'autres invitations furent aussi adressées aux Supérieurs des Communautés religieuses et des Établissements diocésains. On invita également les anciens Chapelains de la Communauté, ainsi que les vieux condisciples et les amis de cœur de M. Furon; tous ceux, en un mot, qui pouvaient être associés à cette fête d'une manière intime. Il est inutile de dire que la plupart de ceux qui furent invités se firent un devoir de répondre, par leur présence, à l'appel qui leur avait été adressé. Tous seraient venus assurément, sans des empêchements d'ordre majeur, auxquels personne ne saurait se soustraire, même avec une bonne volonté exceptionnelle. A cette occasion, nous le savons, les lettres les plus touchantes et les plus affectueuses d'excuses ou d'acceptation furent écrites par les invités : elles furent toutes dictées par les mêmes sentiments de respect et d'affection.

Plus de quarante prêtres, cependant, assistèrent à la cérémonie. Parmi eux, nous devons citer : M. Goudier, vicaire-général du diocèse de Bayeux et supérieur de la Communauté du Bon-Sauveur; M. Marquet, prêtre de Saint-Sulpice, vicaire-général du Diocèse et supérieur du grand-séminaire de Bayeux; M. Laurent, chanoine titulaire de Bayeux, ancien condisciple et ami d'enfance de M. Furon; M. Bréard, curé-doyen de Saint-Etienne de Caen; le R. P. Lemonnier, supérieur des Missionnaires diocésains; le R. P. Bénigne, provincial des PP. Récollets; MM. les Curés de Saint-Julien, de Saint-Pierre, de Saint-Sauveur, de Saint-Gilles, de Vaucelles et de Saint-Ouen de Caen; M. Blancagnel, curé-doyen de Saint-Sever; M. Adam, curé de Vaubadon; M. Bourges, curé de Lénault, et M. Nicolle, curé de Plumetot, anciens chapelains de la Communauté; MM. les Aumôniers des succursales de Bégard et de Pont-l'Abbé, etc., etc.

Parmi les quelques laïques présents, nous devons citer tout particulièrement, après MM. les médecins de l'établissement, M. le comte Henri de Puiseux, chevalier de l'Ordre militaire de Pie IX, ancien sergent-major aux Zouaves pontificaux. Il est le neveu d'une ancienne supérieure générale de la Communauté, dont la mémoire sera toujours vénérée pour son mérite personnel et pour la prospérité qu'elle a su donner à la Maison. La présence de M. de Puiseux rappelait, à elle seule, tous ces vieux souvenirs, si bien de circonstance, pour fêter un vieux Chapelain et son demi-siècle de dévouement...

La réunion de tous les invités était indiquée pour neuf heures et demie. La régularité et l'exactitude sont les premiers mérites d'une communauté religieuse. A l'heure précise, la procession se forma à la chapelle, pour venir, sous la présidence de M. Goudier, vicaire-général, supérieur de la Communauté, chercher solennellement M. Furon, dans la cour d'honneur. Déjà, les Religieuses et les Élèves des pensionnats, sous la conduite de leurs maîtresses, s'y étaient rendues.

La cérémonie commença par les félicitations et les compliments de MM. les Chapelains de Caen, et de Madame la Supérieure générale; puis par quelques paroles dites tant par les

Religieuses députées par les succursales de la Maison-mère, que par les Élèves du pensionnat.

M. l'abbé Lefebvre, Chapelain de la Communauté de Caen, offrant en son nom et au nom de ses collègues une mozette de chanoine, s'exprima en ces termes :

Bien cher et vénéré Père,

Une fois de plus la sainte Église, reconnaissante des vingt mille messes que vous avez célébrées durant le cours de votre longue vie, va donner à vos cheveux blancs comme une nouvelle consécration.

Votre chère communauté du Bon-Sauveur, justement fière des grâces que votre main sacerdotale a fait descendre sur elle, depuis cinquante ans, va changer votre autel en un nouveau Thabor, et s'incliner plus pieusement que jamais sous votre bénédiction de Père.

Autour de vous, tout va respirer la prière, la reconnaissance et la joie.

Votre âme va s'élever avec bonheur vers Celui qui a fait ce jour. Avec le Psalmiste vous allez bénir le Seigneur : « *Benedic anima mea Domino.* » Et, comme si vous étiez impuissant à glorifier assez vous-même le Dieu qui vous fit prêtre il y a cinquante-six ans, vous allez demander à ceux qui vous entourent et leurs cœurs et leurs voix : « *Magnificate Dominum mecum !* »

Vénéré Père, à cet appel de votre cœur, mes chers confrères et moi, nous nous hâtons de répondre : « *Et exaltemus nomen ejus in idipsum.* » Trop honorés d'être vos collaborateurs, fiers de nous dire aussi vos enfants, nous voulons être les premiers à vénérer en vous aujourd'hui le Père toujours bon, le Conseiller toujours sage.

Bienheureux aussi sommes-nous, de pouvoir vous offrir en un si beau jour, comme gage de notre estime et de notre vénération, ce modeste souvenir de notre piété filiale. Puisse-t-il longtemps briller sur vos épaules! Puisse-t-il vous défendre contre la vieillesse et prolonger une vie toute consacrée à la gloire de Dieu et au règne de la Charité dans cette maison bénie de notre Bon-Sauveur! Que ne pouvons-nous vous rendre vos jeunes années!

Du moins, empruntant les paroles de la sainte Liturgie, nous parlerons à Dieu de vous, et nous lui dirons :

« Seigneur, conservez-nous notre Père!

Dominus conservet eum.

« Seigneur, multipliez ses jours!

Et vivificet eum.

« Seigneur, donnez-lui, dès ici-bas, un bonheur qui sera comme le prélude de celui du ciel!

Et beatum faciat eum in terra! »

Je ne dirai pas la fin de cette prière... Des ennemis, vénéré Père, vous n'en avez pas. Vos lèvres, comme vos mains, n'ont jamais su que bénir. Vous n'avez que des amis, votre bonheur fait aujourd'hui leur bonheur, leurs vœux sont nos vœux.

Avec eux et avec mes confrères du Bon-Sauveur, je dis :

Ad multos annos!!!

M. Furon répondit à ce compliment par des paroles affectueuses, empreintes de la plus parfaite cordialité; remerciant ses confrères présents et passés de toutes les marques de confiance et d'affection (il aurait pu dire de respect et de vénération) qu'ils lui avaient accordées, et dont, en ce moment, ils lui donnaient un nouvel et éclatant témoignage; faisant l'éloge de l'union qui doit toujours exister entre confrères, pour le plus grand bien et la plus grande édification de la Communauté; trop heureux d'ailleurs de constater cette union plus étroite et plus parfaite que jamais entre les Chapelains du Bon-Sauveur, que son âge lui aurait permis d'appeler ses enfants, mais qu'il aimait mieux regarder, partout et toujours, comme ses égaux, comme ses frères et ses amis.

Aussitôt après, Madame la Supérieure générale de la Communauté s'approcha pour complimenter à son tour M. Furon. Nous sommes heureux de pouvoir consigner ici les quelques paroles qu'elle prononça dans la circonstance :

Bon et vénéré Père,

Au nom de toutes vos Filles du Bon-Sauveur, aussi profondément reconnaissantes que religieusement affectionnées, je suis heureuse de vous offrir cette chape (1), modeste témoignage des sentiments qui nous animent; veuillez l'agréer et la bénir.

De tout cœur, nous prions notre bon Sauveur, de vous permettre de la porter durant de nombreuses années.

M. Furon, en remerciant Madame la Supérieure, lui rappela qu'Elle aussi, depuis quelques mois déjà, comptait plus de cinquante années passées au service du Bon-Sauveur. Chose au moins remarquable, en effet, l'entrée de Madame la Supérieure au noviciat coïncida, à quelques jours près, en 1839, avec l'arrivée de M. Furon comme Chapelain. Après un si long temps, les rides sont sur tous les fronts, et les forces physiques, si elles ne sont pas complètement épuisées, ne sont cependant pas toujours à la hauteur de la bonne volonté que l'on conserve, quand même, pleine et entière. Que Dieu daigne suppléer à notre courage, dit M. Furon en terminant, et faire lui-même, dans cette Communauté qui nous est si chère, le bien qu'avec sa grâce nous avons cherché à y répandre, depuis cinquante ans, autour de nous, mais que nos années si nombreuses nous empêcheront peut-être bientôt d'accomplir aussi parfaitement que nous le voudrions!

(1) Sur cette chape sont brodées les dates du Cinquantenaire : 13 février 1839; 11 juin 1889.

Mais cette fête de cinquantaine avait eu son écho dans les succursales de la communauté. A Albi, à Bégard et à Pont-l'Abbé, on n'était pas demeuré indifférent ; on s'était uni, par la pensée et par la prière, à la Maison-mère, pour rendre hommage au vénéré patriarche de la communauté de Caen. Des lettres de félicitations étaient venues de partout ; de magnifiques souvenirs avaient été envoyés. La Maison d'Albi avait fait choix d'une superbe pièce d'orfèvrerie en forme de plateau, en bronze ciselé et repoussé. La communauté de Bégard avait offert une étole pastorale. Pont-l'Abbé avait envoyé une admirable châsse en forme d'ostensoir, contenant, dans son reliquaire, une parcelle de la Vraie Croix. M. l'abbé Jacob, chapelain de Bégard, et M. l'abbé Elie, chapelain de Pont-l'Abbé, étaient venus pour représenter leurs communautés ; et si d'Albi il n'était venu aucun des trois aumôniers, c'est que, quand les occupations sont nombreuses, comme il arrive à cette époque de l'année, une distance de plus de deux cents lieues est bien longue, et il faut un trop long temps pour la parcourir. Mais ces Messieurs s'étaient associés quand même aux fêtes de Caen. Qu'on relise, au besoin, la jolie pièce de vers à laquelle nous avons donné la place d'honneur, au commencement de ces souvenirs : à elle seule elle prouve qu'à Albi, comme partout ailleurs où sont les Filles du Bon-Sauveur, on aime et on vénère M. Furon.

De plus, quelques Religieuses avaient été députées de chacune des succursales, pour assister à la cérémonie, et aussi pour prendre part le lendemain à l'élection qui devait avoir lieu pour le renouvellement triennal de la Supérieure générale. Ce furent ces Dames qui, au nom de leurs communautés respectives, vinrent complimenter et féliciter M. Furon. Celui-ci trouva, en les remerciant, une parole heureuse pour chacune d'elles ; il leur rappela que si des liens plus intimes l'attachaient particulièrement au Bon-Sauveur de Caen, il s'intéressait néanmoins beaucoup à la prospérité des Communautés filles de la Maison-mère, qu'il avait visitées bien des fois, dans lesquelles, bien des fois aussi, il avait prêché des retraites, et dont enfin il connaissait le personnel, pour l'avoir vu et dirigé à Caen, pendant les années du noviciat...

Enfin, vinrent les enfants du Pensionnat, offrant, elles aussi, leur souvenir (une Jeanne d'Arc écoutant les voix du ciel, et surtout celle de saint Michel, patron de M. Furon). D'une parole seulement elles remercièrent celui-ci de son dévouement. Elles se réservaient de le féliciter plus tard, d'une manière plus solennelle, ainsi que nous le dirons bientôt... Les extrêmes se touchent, dit un proverbe : on pourrait ajouter que presque toujours ils sympathisent. De tout temps, M. Furon a environné les enfants de la classe d'une sollicitude, d'une affection, on pourrait dire d'une protection toute spéciale. Très-sévère pour lui-même, défenseur, en toutes circonstances, des règles de la Communauté, il n'a jamais eu que de l'indulgence et de la bonté pour les jeunes pensionnaires, toujours si nombreuses, qui viennent, sous la direction des Religieuses, faire leur éducation à l'ombre du Bon-Sauveur. Et rien ne fut touchant comme d'entendre ce vénérable prêtre, arrivé presque aux extrêmes limites de la vieillesse, en remerciant les enfants de leur beau présent, leur recommander d'imiter Jeanne d'Arc, de combattre, comme l'héroïque jeune fille, pour chasser, non pas les ennemis de la France, mais les ennemis de leur salut, pour replacer enfin, non pas un roi de la terre sur son trône, mais Notre Seigneur dans leur cœur, avec un sceptre qui lui permette d'y régner à jamais. Puis, s'adressant plus affectueusement encore à ses chères pensionnaires, il leur exprima, une fois de plus, les regrets qu'il avait éprouvés, lorsque l'hiver dernier, par suite de sa santé affaiblie, et de son grand âge, il avait cru de son devoir de se décharger à jamais des soins du pensionnat, qu'il avait dirigé pendant vingt-six ans ; il pria les enfants de reporter sur son successeur, d'ailleurs si bon, si affectueux et si dévoué, et dont il était heureux de faire l'éloge, toute la confiance et toute la déférence qu'on lui avait accordées à lui-même de tout temps ; et finalement, il demanda aux élèves du pensionnat et à leurs maîtresses la permission, pour ainsi dire, de se regarder toujours comme leur père, de les visiter quelquefois à ce titre, et quelquefois aussi de leur donner encore quelques conseils !

Les compliments étaient finis, au moins provisoirement ; la procession revint à la chapelle au chant du psaume du sacerdoce : *Memento, Domine, David*. Et, après le *Veni, Creator,* la sainte Messe commença. M. Furon fut assisté de M. l'abbé Bourges, comme diacre, et de M. l'abbé Nicolle, comme sous-diacre : tous les deux anciens chapelains de la maison. On n'eût pas dit, en entendant les intonations du *Gloria in excelsis* et du *Credo,* ou bien encore le chant des oraisons, de la préface et du *Pater,* que le célébrant, dont la voix se faisait entendre avec tant de sonorité et avec une si parfaite assurance, était un vieillard de bientôt quatre-vingts ans. Si ceux qui, cinquante ans auparavant, l'avaient entendu chanter sa première grand'messe au Bon-Sauveur, avaient pu se réveiller dans la tombe, où, pour la plupart, il sont descendus, ils auraient remarqué le même recueillement, la même piété et surtout le même soin attentif à observer les moindres prescriptions de la liturgie ; ils n'auraient constaté, assurément, pour toute différence, qu'une couronne de cheveux blancs ornant son front, et donnant à sa physionomie, éternellement jeune et toujours souriante, la suprême consécration du respect et de la vénération qu'il mérite à tous égards.

Pour la circonstance, les Religieuses de la communauté, sous la direction de M. l'abbé Lefièvre, avaient préparé une messe solennelle en musique et quelques morceaux d'ensemble. Nous craindrions de blesser, non-seulement la modestie, mais encore les sentiments religieux de ces Dames, en leur adressant les félicitations banales qu'on a coutume d'adresser aux artistes vivant dans le monde. Qu'elles nous permettent seulement de leur faire remarquer, qu'on n'a jamais dit des Anges, qu'ils chantent la gloire de Dieu avec une maëstria sans égale ; mais bien plutôt, qu'ils célèbrent par leurs accords si purs et si harmonieux la grandeur du Très-Haut, avec enthousiasme, avec piété, avec douceur et avec suavité. Le chant des Religieuses du Bon-Sauveur doit être incontestablement un écho lointain et affaibli de la voix des Anges.

Après l'Evangile, M. l'abbé Goudier, vicaire-général du Diocèse de Bayeux, et supérieur de la Communauté, monta en chaire. Il était désigné d'avance pour prononcer le discours de circonstance ; et nous croyons que, plein de respect pour M. Furon, il fut vraiment heureux de se charger de cet office. Le caractère si affectueux de ses paroles nous en est une preuve. Nous sommes heureux de pouvoir les reproduire :

Corona dignitatis senectus :
Regale sacerdotium ;
La vieillesse est une couronne d'honneur ;
(*Prov.* XVI, 31.)
Le sacerdoce est une dignité royale.
(1, *Pet.*, II, 9.)

Vénéré Confrère,

En parcourant les Saints Livres, on peut remarquer avec quel honneur y sont traités la vieillesse et le sacerdoce. Pour louer les plus grands et les plus saints personnages, ces livres sacrés se contentent quelquefois de dire que Dieu leur accorda l'honneur de la vieillesse : « *Dedit illi honorem senectutis* (1) ; » ou bien qu'ils moururent dans une

(1) Daniel. XIII, 50.

bonne et heureuse vieillesse : « *Mortuus est in senectute bonâ* (1). »

Souvent l'Esprit saint recommande d'honorer la vieillesse, parce que, dit-il, elle est belle, elle est vénérable la couronne des cheveux blanchis par les années et par une longue pratique de la vertu : « *Senectus enim venerabilis* (2), *et dignitas senûm canities* (3). »

Le sacerdoce, à son tour, nous est présenté dans ces mêmes livres comme digne de tous nos hommages et de tout notre respect. C'est une dignité vraiment royale : « *regale sacerdotium* (4). » Le prêtre, c'est le ministre du Christ, et le dispensateur des mystères divins : « *Minister Christi et dispensator mysteriorum Dei* (5). » Il est à ce titre le médiateur entre Dieu et les hommes : « *Mediator Dei et hominum* (6). » Le prêtre, c'est encore l'ange du Seigneur, l'homme de Dieu et le guide de son peuple : « *Angelus Domini.* » « *Homo Dei.* » « *Dux populi* (7). » Bien plus, selon une parole que la tradition chrétienne, résumant tout cet enseignement, a rendue presque populaire, le prêtre, c'est un autre Jésus-Christ : *Sacerdos, alter Christus.*

Si, considérées séparément, la vieillesse et la dignité sacerdotale méritent déjà tant d'égards et de respects, quel honneur ne leur est-il pas dû, lorsqu'elles sont réunies, lorsque, sur une même tête, elles apparaissent comme une couronne toute bril-

(1) *Gen.*, XXV, 8.
(2) *Sap.* IV, 8.
(3) *Prov.*, XX, 29.
(4) I. PET., II, 9.
(5) I. *Corint.*, IV, 1.
(6) I *Tim.*. II, 5.
(7) *Passim* in Script. Sacris.

lante de bonnes œuvres et de mérites !... Une longue vie, passée dans un laborieux et fécond ministère, n'est-ce pas l'existence la plus belle aux yeux de la foi, la mieux remplie au jugement de Dieu, la plus méritoire et la plus digne de la récompense éternelle ?...

Et tels furent votre ministère et votre vie sacerdotale, vénéré Confrère !... Cinquante-six années se sont écoulées depuis le jour où vous prîtes rang dans la milice sainte. Il y a cinquante ans, vous entriez dans cette Maison pour y remplir des fonctions des plus importantes et des plus délicates, que présente la direction des âmes. Dès lors, votre piété, votre prudence, l'aménité de votre caractère, votre dévouement, votre amour du devoir, faisaient espérer que vous cultiveriez avec fruit le champ qui vous était confié... Comment avez-vous justifié ces espérances ?... La meilleure réponse à cette question est dans la confiance et la respectueuse affection, dont vous jouissez dans la Congrégation entière du Bon-Sauveur; elle est dans la présence de ces confrères, qui vous honorent comme leur modèle, et qui sont venus joindre leurs prières aux vôtres; elle est dans l'estime particulière de votre Évêque, dont il vous donnera, aujourd'hui encore, un nouveau témoignage. Si, ce matin, il est empêché, par un grave ministère, de présider cette touchante cérémonie, le Pontife, si dévoué à son Clergé et à son Diocèse, ne laissera pas finir cette journée, sans offrir au prêtre qu'il affectionne entre tous, ses félicitations et ses vœux.

Mais, bien aimé Confrère, il ne s'agit pas de vous adresser des louanges, si méritées qu'elles soient. Ce que vous vous proposez, en offrant aujourd'hui le saint sacrifice, avec la solennité et aussi avec la tendre piété avec lesquelles vous l'offriez, il y a plus d'un demi-siècle, c'est de louer et de remercier Dieu des grâces reçues dans votre long ministère. Permettez-moi de jeter un regard rapide sur les œuvres qui ont rempli vos années sacerdotales.

Et quelque insuffisantes que soient en elles-mêmes mes paroles, elles contribueront, je l'espère, de la grâce divine, à rendre plus vive notre reconnaissance commune ; elles porteront cette pieuse assemblée à demander avec plus de ferveur, pour vous, de nouvelles grâces et des bénédictions nouvelles.

I.

Le plus grand honneur que Dieu puisse faire à l'homme, c'est de l'associer à ses œuvres les plus admirables : la sanctification et le salut des âmes. Et c'est ce que Dieu fait surtout pour le sacerdoce. Le prêtre est l'auxiliaire de Notre Seigneur, dans le grand œuvre de la rédemption du monde. Sans doute, c'est Notre Seigneur Jésus-Christ, qui, par sa doctrine et par ses enseignements, a remédié à cette ignorance dont était obscurcie l'intelligence humaine au milieu des ténèbres du paganisme ; mais il a créé son divin sacerdoce pour annoncer cette doctrine de lumière à tous les peuples et pendant tous les siècles. C'est Notre Seigneur qui a sauvé et qui sauve les âmes par l'effusion de son sang et par toutes les grâces qui découlent de ses mérites infinis ; mais ces grâces arrivent aux âmes, surtout par les Sacrements, que le prêtre a le pouvoir et la charge d'administrer à ses frères. Notre Seigneur est la victime seule infiniment sainte, la victime universelle; mais cette adorable victime ne descend sur l'autel qu'à la parole du prêtre, et c'est par les mains du prêtre qu'elle est distribuée en aliment aux fidèles.

Aussi le sacerdoce a-t-il toujours grandement été honoré au milieu des peuples demeurés chrétiens. Et les saints les plus illustres et les plus éclairés en ont parlé en termes magnifiques :

« Le sacerdoce, dit saint Ignace, martyr, est la « source des biens les plus précieux qui se rencon- « trent parmi les hommes (1). »

« Le prêtre, dit saint Ephrem, est un miracle vi- « vant; son pouvoir est ineffable; il s'élève jusqu'au « ciel, communique avec les Anges et devient le « familier de Dieu lui-même (2).

Faut-il s'étonner que le prêtre ayant conscience de sa dignité et de sa sublime mission, se dévoue tout entier pour la remplir avec toutes les ressources de son intelligence, avec toutes les énergies de son âme, comme aussi pendant tous les instants de sa vie ?

Une fonction sacerdotale, quelque humble, quelque obscure qu'elle paraisse aux yeux du monde, demande des qualités éminentes et des vertus non communes. Il est cependant certains ministères qui exigent des dons plus rares, des dispositions plus excellentes.

Et c'est un ministère de ce genre qui vous fut confié, vénéré Confrère, presque dès le début de votre vie sacerdotale. Vous étiez jeune encore; mais

(1) S. Ignatius, *ad Smyrnenses*.
(2) S. Ephrem, *Sermo I de Sacerdotio*.

vous aviez déjà cette sûreté de vue, cette maturité de jugement, cette vertu éprouvée, nécessaires pour la direction de ces âmes, qui ont tout quitté pour servir Notre Seigneur dans la personne des enfants, des pauvres, des affligés, des malades.

A un vaisseau qui doit naviguer sur un océan plus profond et plus éloigné, il faut des pilotes plus expérimentés; à un corps d'élite, au milieu d'une armée, il faut des chefs plus habiles et plus courageux. Aux âmes, qui doivent avancer loin dans la perfection chrétienne, plus loin que le commun des fidèles, il faut aussi un guide sûr et digne de la plus entière confiance.

Pour indiquer la voie où doivent marcher les épouses préférées de Notre Seigneur, il est besoin de ces lumières qui viennent d'une foi vive et d'une ardente charité; le prêtre, auquel ces âmes d'élite sont remises pour les guider, doit montrer, dans toutes les circonstances de sa vie, une vertu sans aucun alliage!

« Semblable à l'or le plus pur, dit saint Grégoire « de Nazianze, sous quelque rapport qu'on le consi« dère *(omni ex parte versatus)*, il ne doit rien of« frir en lui qui soit défectueux, rien qui rende un « son faux et qui l'expose à être pris au creuset « comme un métal de mauvais aloi (1). »

Les difficultés que rencontre le médecin du corps, peuvent-elles entrer en comparaison avec celles qui se présentent en foule, lorsqu'il s'agit de remédier aux maladies des âmes, de conserver, de développer en elles la santé et la vie surnaturelles?

Non, rien de si difficile que de connaître et d'approfondir les caractères, les goûts, les inclinations,

(1) S. Grég. Naz., *Orat. de Excellentiâ sacerdotii.*

les dispositions les plus secrètes du cœur humain, et d'y appliquer le traitement convenable. O mon Dieu! quelle prudence, quel zèle éclairé, quelle bonté patiente il faut pour diriger dans leur sublime essor ces âmes qui vous sont les plus chères, pour les maintenir dans l'amour de leur vocation et des devoirs qu'elle impose, pour les soutenir dans leurs épreuves, et faire que leur ferveur aille toujours croissant!... Et c'est à ces fonctions, si difficiles et si élevées, que vous avez dépensé presque toute votre vie sacerdotale, bien-aimé Confrère!

Que d'esprits embarrassés vous avez éclairés de vos conseils! Que de cœurs inquiets et attristés vous avez encouragés de vos pieuses exhortations! Que de jeunes personnes vous avez formées à la vie chrétienne, et qui ont donné et qui donnent encore, dans leurs familles et dans le monde, l'exemple d'une vraie et sincère piété!...

Que de grâces vous avez obtenues du ciel par vos prières, par vos mortifications ignorées, par l'ensemble de votre vie sacerdotale, toujours si correcte et si régulière, et surtout par l'offrande journalière du saint Sacrifice!... Et ces âmes que vous avez dirigées pendant leur vie, que de fois vous avez eu à les assister à leur dernière heure!...

En toutes ces circonstances, vous avez montré une vertu inattaquable, semblable à un or pur, comme le demande le grand docteur que j'ai cité. Les générations de pieuses filles, qui, depuis cinquante années, se sont succédé dans cette Maison, ont montré pour leur Directeur une inaltérable vénération. Sans vous prévaloir, ni de votre âge, ni des services rendus, vous avez toujours voulu vous tenir au même rang que vos auxiliaires. Aussi, en s'éloignant de cette Maison, emportaient-ils de vous le plus précieux souvenir; et vous en avez en ce moment une preuve nouvelle; tous ceux qui survivent, sont demeurés vos amis: Pontifes qui se sont succédé sur le siège de Bayeux; Supérieurs appelés à partager le gouvernement de cette Maison, tous vous ont témoigné une confiance constante !...

Toutes ces âmes qui ont su vous apprécier, et dont un si grand nombre sont passées dans l'autre vie, tous ces cœurs qui eurent et qui ont pour vous une sincère et respectueuse affection, tous sont unis pour remercier le Seigneur des grâces qu'il vous a accordées, et des grâces que par vous il a accordées à tant d'autres ! Car, comme vous le savez, et comme nous l'enseigne l'Apôtre saint Jacques, « toute « grâce excellente et tout don parfait viennent d'en « haut. » « *Omne datum optimum, omne donum « perfectum desursum est* (1). »

Lorsque Dieu daigne se servir de nous pour l'accomplissement de ses desseins, nous devons lui attribuer le principal mérite de nos œuvres, et rapporter tout à sa plus grande gloire. C'est justice de notre part de lui redire avec l'effusion d'un cœur profondément reconnaissant: A vous tout honneur et toute louange ! « Nous vous rendons grâces, Sei- « gneur, pour vos bienfaits sans nombre ! *Gratias agimus tibi, Domine* (2). »

II.

Le souvenir des bienfaits reçus doit nous porter

(1) Jac., I, 17.
(2) *Apocal.*, XI, 17.

à remercier Dieu; il doit aussi nous inspirer le désir de l'aimer de plus en plus, et de le servir avec un zèle nouveau.

Une longue vie, c'est un insigne bienfait, lorsqu'elle est employée à faire le bien. Une longue vie peut nous procurer une plus grande gloire, un bonheur plus parfait dans l'éternité. Mais, plus notre existence se prolonge, plus augmente notre responsabilité. Et qui dira le nombre et la valeur des dons accordés à un prêtre, pendant un temps de plus de cinquante années!... Lumières puisées dans la science divine; pressantes exhortations à la vertu, telles qu'en présente chaque page de nos livres sacrés; élévation de l'âme, dans les nombreuses prières que l'Église prescrit pour chaque jour; union quotidienne avec Notre Seigneur Jésus-Christ, par le saint Sacrifice et la sainte Communion; exemples de tant de saintes âmes avec lesquelles, par le ministère, on est mis fréquemment en contact; épreuves et contradictions, la croix sous des formes diverses; ô prêtre de Jésus-Christ, n'avez-vous pas à votre disposition tous ces moyens de vous sanctifier?... Tant de bienfaits ne sont-ils pas autant de liens qui doivent vous attacher à votre bon Maître?

Aussi, le prêtre selon le cœur de Dieu, ne dit pas même, après un long labeur: « J'ai assez cherché la « gloire de mon Dieu; j'ai éclairé assez d'âmes; j'ai « consolé et touché assez de cœurs; il est temps de « me livrer au repos, comme l'ouvrier qui a rempli « sa tâche entière. »

Mais, comme le grand Apôtre des Gaules, saint Martin, le bon prêtre, quel que soit son âge et quels qu'aient été ces travaux, dès lors que les forces et la santé lui restent avec la vie, aime à redire: « Sei-

« gneur, je veux être, jusqu'à ma dernière heure, le « serviteur fidèle et dévoué. Je ne refuse pas le tra- « vail, si votre volonté est que je travaille encore : « *Non recuso laborem, fiat voluntas tua* (1). »

Tels sont vos désirs, cher et vénéré Confrère. Autant est grande votre gratitude pour les bontés de Dieu à votre égard, dans le passé, autant est sincère et ardent votre zèle pour travailler à la sanctification des âmes, et y travailler jusqu'à la fin.

Puisqu'après plus d'un demi-siècle de travaux continus, vous êtes toujours plein de vie et de forces, en parfaite possession de vos facultés, vous compléterez, pendant de longues années, la moisson déjà abondante de vos mérites. Nous en avons, du moins, la douce espérance.

Et vous, Communautés d'Albi, de Bégard, de Pont-l'Abbé, vous n'avez cessé, depuis votre création, d'entretenir les relations les plus intimes avec cette Maison. Vous l'avez toujours regardée et traitée comme une mère bien-aimée, et elle-même a partagé, avec une sollicitude maternelle, vos joies, vos épreuves, vos difficultés et vos succès. Cette union a fait votre force, et sans aucun doute, elle a attiré les bénédictions de Dieu sur vos entreprises et sur vos œuvres. Aussi, c'est avec un véritable bonheur que nous vous voyons représentées, et si dignement représentées, à cette solennité qui intéresse toute la famille, devenue nombreuse, du Bon-Sauveur. Vous avez connu le dévouement de celui que vous aimez à appeler, comme nous, un bon Père, vous avez entendu bien des fois ses pieuses exhortations et profité de ses sages conseils. Eh

(1) *Off. de S. Martin* : 2e Hymne des Vêpres.

bien! soyez unies avec nous par vos vœux et par vos prières, comme vous êtes unies par une sincère charité...

Et tous ensemble, vénéré Confrère, nous nous adresserons à Dieu pendant que vous achèverez le divin sacrifice!... Nous demanderons au Seigneur qu'il vous conserve et vous bénisse, dans tous les travaux que vous avez le désir de continuer pour sa plus grande gloire, autant que le permettra son adorable volonté!...

Que longtemps encore, vous soyez pour vos frères dans le sacerdoce le modèle du prêtre qui se donne sans réserve au ministère à lui assigné, et ne porte jamais au-delà ses désirs et ses vœux!...

Que longtemps encore, votre direction si prudente et si dévouée soit continuée à cette Communauté, qui, comprenant combien elle vous est redevable, se trouve heureuse de vous donner aujourd'hui, pour la seconde fois, un éclatant témoignage de sa filiale gratitude!

Que longtemps encore, vos collaborateurs puissent s'inspirer de vos exemples, et au besoin s'éclairer de vos conseils!...

Que longtemps encore, vous soyez conservé à la confiance et à l'affection particulière dont vous honore votre Évêque vénéré!...

Que longtemps encore, vos prières attirent des grâces abondantes sur toute la Congrégation du Bon-Sauveur!...

Qu'elles obtiennent spécialement, pour cette chère Maison de Caen, toutes sortes de biens et de prospérités; et pour celui auquel le soin en a été confié, les vertus et les lumières nécessaires pour diriger avec sagesse et avec succès, un Institut, création admirable de la charité chrétienne, si précieux pour les malades les plus dignes de commisération !....

On ne saurait ajouter aucun commentaire à des paroles aussi éloquemment affectueuses! Qui les a entendues ou qui les lit en garde pieusement et religieusement le souvenir !... La sainte Messe s'acheva sous l'impression douce et chrétienne qu'elles avaient produites dans les âmes, et bien des prières durent monter vers le trône de Dieu pour la Communauté du Bon-Sauveur, pour le Supérieur qui lui est si dévoué et pour le vénéré Chapelain dont on fêtait la cinquantaine.

Après la Communion, M. l'abbé Lelièvre, interprétant, par une heureuse inspiration, la pensée des quarante prêtres, confrères de M. Furon dans le sacerdoce, présents à la cérémonie, et celle de tous ceux qui, par le cœur, s'étaient associés à la fête, chanta la prière des Séminaires de Saint-Sulpice :

Pars, ô Jesu sacerdotum :
Jesu, nostrum bonum totum,
Veni cito, reple votum
Corde te quærentium !...

O Jésus, portion bénie de l'héritage du Sacerdoce. Jésus, notre unique bien, venez, remplissez les vœux de ceux qui vous invoquent avec amour !...

Les vœux de l'assistance, à cette heure et maintenant, peuvent être ainsi formulés : Que Jésus, notre Dieu, donne au saint prêtre longue vie, pour qu'il soit longtemps encore le modèle de toutes les vertus chrétiennes, religieuses et sacerdotales ! Que Jésus, notre Dieu, donne à chacun de nous sa grâce pour profiter de ses exemples !...

Au chant du *Magnificat*, la procession se mit en marche une seconde fois, pour reconduire solennellement M. Furon dans la cour d'honneur de la Communauté, où elle était allée le chercher avant la cérémonie.

L'après-midi, on donna le Salut du Saint-Sacrement, et l'on chanta solennellement le *Te Deum* d'action de grâces, avec un cantique de reconnaissance au Seigneur.

Les corps de l'[illegible] [illegible] [illegible]
[illegible] [illegible] [illegible]. [illegible]
Jésus, notre Dieu, devant [illegible] [illegible] [illegible]
[illegible] [illegible] [illegible] [illegible] [illegible]
[illegible] [illegible] [illegible] [illegible]
[illegible] [illegible] [illegible] [illegible]
[illegible] [illegible] [illegible] [illegible] [illegible]
[illegible] [illegible]

[illegible] [illegible] [illegible] [illegible]
[illegible] [illegible] [illegible] [illegible]
[illegible] [illegible] [illegible] [illegible]
[illegible] [illegible] [illegible] [illegible]
[illegible] [illegible] [illegible]

[illegible] [illegible] [illegible] [illegible]
[illegible] [illegible] [illegible] [illegible]
[illegible] [illegible] [illegible] [illegible]
[illegible] [illegible] [illegible]

S. G. Monseigneur l'Évêque de Bayeux, qu'une cérémonie de confirmation avait retenu le matin dans sa ville épiscopale, ainsi que la plupart des membres de l'administration diocésaine, avait fait annoncer son arrivée pour midi. S. G. vint, en effet, comme Elle était attendue, et Elle présida le déjeuner, magnifiquement servi dans la grande salle de classe des sourds-muets, laquelle avait été décorée avec le goût le plus parfait.

Mais cette décoration était toute à la louange du héros de la fête. Sur la porte d'entrée d'abord, on lisait cette inscription tirée du saint Évangile, et dont l'application ne faisait doute pour personne :

Je suis le bon Pasteur,
Je connais mes brebis,
Mes brebis me connaissent (1).

Dans la salle elle-même, au milieu des couronnes, des guirlandes, des massifs de fleurs et de verdure de toute sorte, on admirait d'abord, avec les portraits et les armoiries du Souverain Pontife Léon XIII et de Monseigneur Hugonin, évêque de Bayeux, les armoiries de Monseigneur Fontenau, archevêque d'Albi ; celles de Monseigneur Germain, évêque de Coutances, et celles du diocèse de Saint-Brieuc. C'est sur le territoire de ces trois diocèses que se trouvent situées les Communautés succursales de la Maison de Caen.

Mais les dates suivantes :

19 octobre 1809 — Naissance,
7 juillet 1833 — Sacerdoce,
13 février 1839 — Chapelain du Bon-Sauveur,

avec la dédicace :

A NOTRE VÉNÉRÉ PÈRE

MONSIEUR L'ABBÉ MICHEL FURON

AMOUR FILIAL

!!!

faisaient bien comprendre les sentiments de la

(1) Saint Jean, X, 14.

Communauté et le but qu'elle s'était proposé en organisant cette décoration de tous points vraiment admirable.

On lisait encore, écrites en lettres d'or, enluminées, tout autour de la salle, les inscriptions suivantes :

O toi, Prêtre éternel et Pontife suprême,
Entends notre prière, et conserve ici-bas,
Ce doux et saint Pasteur qui t'aime,
Et qui, dans tes sentiers, Seigneur, conduit nos pas !

« Dieu lui a donné la force, et il a gardé sa vigueur « jusque dans sa vieillesse (1). »

« Le bon Pasteur donne sa vie pour ses brebis (2). »

« Je vous ai donné un Pasteur selon mon cœur; « il vous a nourries de science et de vertu (3). »

Enfin, sur des oriflammes, formant faisceaux et pavoisant les murs, on lisait :

Vous compterez sept semaines d'années
Et vous sanctifierez l'année cinquantième,
Car c'est l'année jubilaire (4).

(1) *Eccli*, XLVI, 11.
(2) S. Jean, X, 11.
(3) Jérémie, III, 15.
(4) *Levitic*. XXV, 10.

Il a été jeune et il a vieilli (1).
Dieu a affermi ses pas,
Et l'a soutenu dans sa voie.

Dieu multiplie sa force (2);
Dans le déclin des ans,
Sa vieillesse est féconde.

Juste il vit de la foi ;
Sa confiance est inébranlable ;
Sage et bon, il est ami de la paix.

Sa bienveillance est inaltérable ;
Sa fermeté n'a d'égale que sa douceur ;
Il est heureux du bonheur des autres ;

Il est patient, égal et doux ;
Il impose le respect ;
Il conserve l'affection ;

Il ne croit pas aisément au mal ;
Excuser est son habitude ;
Sa modestie égale son mérite ;

Il conseille avec discrétion ;
Il encourage avec bonté ;
Il corrige avec prudence.

Sérénité de l'âme !
Dignité de la vie !
Bonté du cœur !

(1) *Ps.* XXVI, 25.
(2) *Ps.* XCI, 13.

Ses œuvres et ses vertus
Sont le panégyrique
De son long ministère.

Heureuses et longues années !
Seigneur, exaucez ses enfants !
Seigneur, exaucez ses amis !...

On remarquait encore, à juste titre, quelques hommages rendus à la vieillesse sacerdotale de M. Furon, que l'on trouvait calligraphiés sur des petites cartes semées à profusion, çà et là, au milieu des couverts. Nous ne pouvons malheureusement pas les reproduire tous, mais nous en citerons trois.

Le premier est une pièce de vers d'un auteur inconnu, adaptée à la circonstance :

LE PRÊTRE NE VIEILLIT POINT.

C'est vainement qu'à notre oreille
Retentit, comme une merveille
Ce grand chiffre, si glorieux :
Cinquante ans Chapelain, sous le regard des cieux !

Sur votre tête en vain s'étale,
La couronne sacerdotale
Des symboliques cheveux blancs,
Dont vous ont décoré, Père, quatre-vingts ans

Comme l'Église, dont sans cesse
Se renouvelle la jeunesse,
Comme le Christ dont il est l'oint,
Le prêtre peut blanchir, mais il ne vieillit point.

Sous son drapeau, le soldat rêve
A l'orgueil de prendre son glaive,
Au toit chéri des aïeux,
Au bonheur d'y vivre silencieux....

En déployant son humble voile,
Le marin parle à son étoile,
Du doux rivage et de sa paix,
Et ne veut point mourir, au sein des flots muets.

Quand il voit que son jour décline,
Le laboureur, que l'âge incline,
A son fils, qui porte son nom,
Comme un sceptre, remet l'honneur du soc fécond.

Du soc, du glaive et de la rame
Le soin demande une jeune âme
Un jeune sang, un jeune corps,
La vieillesse débile est rebelle aux efforts.

O prêtre, laboureur mystique,
O nautonnier évangélique,
Soldat du Christ, toujours vainqueur,
Nul ne verra vieillir ta mission, ni ton cœur !

Jamais ton arme n'est plus pure,
Jamais ta barque n'est plus sûre,
Jamais ton sillon n'est plus droit,
Que le jour où le temps te courbe sous sa loi !

Cinquante ans, de ta main féconde,
S'est échappée, ainsi qu'une onde,
L'aumône au sein de l'orphelin,
Ta main, prêtre du Christ, ne s'appauvrira point !

Cinquante ans, de ta lèvre auguste,
Sur le pécheur et sur le juste,
A jailli le Verbe divin ;
Prêtre, ta lèvre d'or ne se lassera point !

Cinquante ans, ton grand cœur de Père
A soulagé tant de misères !
Qui le connaît, en est témoin,
Ton cœur restera jeune, et ne vieillira point !

Le second était un passage de saint Jean Chrysostôme sur la vieillesse sacerdotale.

HONNEUR A LA VIEILLESSE SACERDOTALE.

L'Église, en effet, a une sorte de culte pour la vieillesse ; elle aime à voir ses destinées et ses intérêts reposer entre les mains des vieillards.

« Partout ailleurs, dit saint Jean Chrysostôme, la « vieillesse est réputée inutile, et parfois, elle l'est « réellement; dans l'Église, au contraire, elle est « d'une grande utilité : *Senectus quidem in aliis « conditionibus inutilis est, in Ecclesiâ autem uti« lissima.* Le soldat qui a vieilli ne peut plus bander « l'arc, lancer le trait, brandir la lance, monter à « cheval, donner l'assaut aux murailles; le marin, « fatigué par les ans, ne peut plus tendre les cor« dages, déployer les voiles, manier la rame, diri« ger le gouvernail, lutter contre les flots; pareille-

« ment, le laboureur, dans un âge avancé, ne peut « plus mettre les bœufs sous le joug, conduire la « charrue, ouvrir le sein de la terre, creuser les « sillons, faire l'office de moissonneur. » Et si quelques autres professions moins serviles, plus libérales, sont compatibles avec la vieillesse, l'impatience des jeunes gens a fait décréter des limites d'âge, après lesquelles il ne reste plus que le loisir du chez soi et le charme de la retraite: « *Domi sedent otiosi, ætatis veniam nacti.* » Il n'en est point ainsi de l'homme d'Église: « *Verum non sic Ecclesiæ doctor;* » mais c'est alors surtout que son travail est apprécié, que sa parole est profitable, que sa doctrine est goûtée, que sa direction morale est recherchée (1)!

Le troisième était un commentaire de saint Ambroise, sur les paroles du psaume XXXVI: « *Junior fui, etenim senui.* » J'ai été jeune, et me voici vieux.

PAROLES DE SAINT AMBROISE SUR LA VIEILLESSE.

« Assurément chaque âge, dit saint Ambroise, doit payer son tribut. Sans les ardeurs de la jeunesse, tout risquerait de se refroidir sur la terre. La jeunesse est donc bonne quand elle use bien de ses avantages ; mais la vieillesse est meilleure: *Bona juventus, sed melior senectus.* Jean attendit d'être vieillard, pour écrire son Évangile et ses Épîtres. Lui, qui ne voulait point s'intituler apôtre, il se qua-

(1) S. Jean Chrysostôme, *Homélie X.*

lifia volontiers l'ancien : « *Cum refugeret Apostolum se scribere, seniorem scripsit ;* » et l'on n'a point taxé d'infériorité ce quatrième et tardif Évangéliste, à qui la grâce de la vieillesse donnait une voix et des accents, comme la voix et les accents du cygne : « *Nec minor est æstimatus, cui cygnæa quædam* « *suppeteret gratia senectutis* (1). »

Enfin, comme le repas allait finir, un des convives, qui se cache sous le pseudonyme de Nil, mais que tout le monde connaît et que l'on retrouve toujours en pareille circonstance avec sa lyre, tantôt française et tantôt latine, lut publiquement, en guise de toast, les strophes suivantes :

A MONSIEUR L'ABBÉ FURON

POUR SA CINQUANTAINE DE CHAPELAIN

AU BON-SAUVEUR DE CAEN

Depuis cinquante ans Chapelain,
Vous avez trouvé le chemin
Toujours riant, toujours facile :
C'est vous qui le semez de fleurs
Car, à gagner partout les cœurs,
Votre bonté vous rend habile.

Vous passez en faisant le bien,
Ne désirant, ne craignant rien ;
Et votre âme est toujours égale.
Puisse-t-on respirer longtemps

(1) S. Ambroise, sur le *Ps.* XXXVI, 25.

Le parfum doux comme l'encens
Que votre sainte vie exhale !...

A MONSEIGNEUR HUGONIN.

Dans votre clergé, Monseigneur,
Votre vie a pour la longueur
Les plus admirables modèles.
Que le ciel ne soit pas jaloux
De vous voir longtemps parmi nous
Songer aux années éternelles !

Est-il besoin de dire que les plus chauds applaudissements accompagnèrent chacune des strophes de cette poésie ? Ces applaudissements étaient, tout à la fois, à l'adresse du versificateur et de M. Furon ; mais aussi de Monseigneur Hugonin, qui avait daigné honorer la fête de sa présence.

Le programme portait une réunion générale, sous la présidence de S. G. Monseigneur l'Evêque de Bayeux, à la salle de Communauté, à 3 heures et demie, quelque temps après le salut du Saint-Sacrement, donné à la chapelle. Les invités s'y rendirent. Monseigneur, avec une bonté toute affectueuse, fit placer M. Furon à sa droite. Guidée par un sentiment aussi respectueux que délicat, Madame la Supérieure tint à honneur de s'asseoir, en présence de toute sa Communauté, à côté du vénéré Chapelain, héros de la fête.

Cette réunion fut une partie bien intéressante de la journée. Voici, d'abord, quelques couplets qui furent chantés au dbut de la séance.

COMMUNAUTÉ DU BON-SAUVEUR DE CAEN

—

A NOTRE VÉNÉRÉ PÈRE

MONSIEUR L'ABBÉ FURON

A L'OCCASION

DE SON CINQUANTIÈME ANNIVERSAIRE DE CHAPELAIN

REFRAIN.

A vous, Seigneur, reconnaissance !
Par un bienfait de votre main,
Il est resté sans défaillance,
Cinquante ans notre Chapelain !

A l'ouvrier de votre vigne,
Pour soutenir son long labeur,
Vous avez fait la grâce insigne
D'un noble esprit et d'un grand cœur.

Non, ce n'est pas lui qui murmure
D'avoir porté le poids du jour,
D'avoir prodigué sans mesure
Son dévouement et son amour.

Votre vigne riche et féconde
Doit à son zèle généreux,
Avec les fruits dont elle abonde,
Sa beauté qui charme nos yeux.

Jamais pour lui repos ni trêve.
Sa foi dit : vouloir, c'est pouvoir ;
Et son courage se relève
A l'appel sacré du devoir.

Sa charité toujours active,
Son sourire, son air si doux,
Sa parole persuasive,
Tout en lui nous attire à vous.

Son humilité vous renvoie
L'hommage offert à ses vertus.
Vous faire aimer, voilà sa joie,
Vous faire aimer de plus en plus.

Pour multiplier son mérite,
Laissez nos cœurs reconnaissants
Demander à ce cœur d'élite
Votre sagesse encor longtemps.

N'avoir que vous pour récompense,
Voilà tout l'objet de ses vœux.
C'est assez de cette espérance
Aujourd'hui, pour le rendre heureux.

NIL.

Nous devons consigner ensuite le compliment suivant, qui fut lu par une jeune Sœur, en son nom et au nom de toutes ses compagnes du Noviciat :

Bon et vénéré Père,

La jeunesse religieuse, aussi émue que reconnaissante, dépose à vos pieds l'humble témoignage d'une respectueuse vénération. En cet heureux anniversaire, qui laissera à jamais dans nos cœurs de si vifs et si touchants souvenirs, nous aimons à nous rappeler les privilèges tout paternels dont vous entourez avec tant de bonté la joyeuse phalange du noviciat.

Cinquante années d'un laborieux ministère, dont la gloire rejaillit sur l'Église elle-même, réclament la filiale et profonde gratitude de cette Communauté qui grandit à l'ombre de votre bienveillante protection. Trésor de zèle, de désintéressement et d'universelle charité, c'est en vous que nos cœurs viennent puiser la vie spirituelle et la ferveur. Appui inébranlable de l'édifice religieux, près de vous reposent en paix nos jeunes et faibles âmes. Selon les différentes phases de l'enfance religieuse, chacune de nous, encouragée, consolée et fortifiée, trouve dans votre cœur, foyer d'incomparable bonté, un aliment et un remède. Mais une tige si féconde en vertus étend au loin ses bienfaisants rameaux. Celles d'entre nous auxquelles l'obéissance prescrit de quitter la Maison-mère, emportent dans nos communautés le souvenir ineffaçable de vos sages et paternelles instructions.

Nos voix, unies dans un même transport d'allégresse, résument les chères impressions de nos cœurs attendris, par cet élan filial. Amour, respect et reconnaissance à notre vénéré Père! ..

O ciel ! couronnez, par de longues années, une existence remplie de mérites, qui répand autour d'elle l'amour du bien, la paix et l'esprit religieux. Conservez à notre Congrégation son puissant soutien. Rendez-nous dignes enfants d'un Père qui recevra de vous seul sa juste récompense.

Monseigneur,

Permettez-nous de vous remercier de l'honneur que vous faites à notre bon Père et à nous-mêmes en venant présider cette solennité. Votre présence est une preuve du haut intérêt que vous portez à la Communauté du Bon-Sauveur, et de la paternelle affection que vous n'avez cessé de témoigner au saint prêtre qui y exerce un ministère si laborieux depuis cinquante ans. Que Votre Grandeur daigne agréer l'hommage de notre profonde gratitude pour une bienveillance qui nous est si précieuse !

Le pensionnat des Demoiselles tenait, de son côté, à offrir, en présence de toute la Communauté, ses hommages respectueux et reconnaissants à M. Furon ; il préluda aux compliments par le chant des quelques couplets que nous allons transcrire. Toutes ces Demoiselles, assurément, méritent des éloges pour leurs voix si harmonieuses et si pures ; mais, nous nous reprocherions de ne pas mentionner tout spécialement Mademoiselle A. L..., dont les soli, exécutés avec beaucoup de distinction, furent si favorablement appréciés. Son bon goût, lorsqu'elle chante, est parfait, et nous sommes convaincu que sa science musicale est en bonne voie de devenir complète, si tant est qu'elle ne le soit pas encore.

COUPLETS ADRESSÉS A M. L'ABBÉ FURON.

REFRAIN.

Chantons un cantique au Seigneur,
Au lys il donne sa parure,
Chantons un cantique au Seigneur,
Il donne aux oiseaux la pâture,
A nous la paix et le bonheur,
La paix et le bonheur.

1er *couplet.*

Aux douceurs du jeune âge, aux joies des jeunes filles,
Nous pensions dire adieu, en quittant nos familles,
Et voici qu'en ces lieux, à l'ombre de l'autel,
Nous voyons s'envoler chacune de nos heures,
Douces, comme autrefois, aux heureuses demeures
Du foyer paternel.

2me *couplet.*

C'est lui qui mit naguère, aux âmes de nos mères,
Ces soins tendres et purs, ces caresses premières,
Dont le seul souvenir fait battre notre cœur,
C'est lui qui met encore au cœur de notre Père,
Cette humble charité, cet amour tutélaire
Qui fait notre bonheur.

3me *couplet.*

Mais que pourra, Seigneur, notre reconnaissance ?
Nous n'avons que nos mains à lever en silence,
Pour prier ta grandeur d'exaucer nos souhaits,
Nous n'avons que des vœux à la fête d'un Père,
Qu'un accord né du cœur avec une prière
Pour payer ses bienfaits.

4me couplet.

Mais toi que nous prions, divine Providence,
Toi, d'où vient tout bienfait et toute récompense,
Toi, qui donnes à l'homme un ange protecteur,
Aux petits des oiseaux, et l'aile de leur mère,
Et l'ombre de leurs bois ; aux vœux de notre cœur
Conserve notre Père.

5me couplet.

Que bien longtemps encore, en ce pieux asile,
Et son cœur et sa main bénissent sa famille,
Que des anges de paix, jusqu'au trône de Dieu,
Portent pour lui nos vœux... qu'ils soient pour sa clémence
Comme l'encens béni que brûle en sa présence
Un enfant au saint lieu !

Le compliment suivant fut lu ensuite, avec une distinction parfaite, par Mademoiselle C. B..., au nom de toutes les élèves, ses compagnes :

Monsieur l'Abbé et très-bon Père,

En ce jour, où la Communauté du Bon-Sauveur célèbre la fête jubilaire du ministère sacré que depuis cinquante ans vous exercez pour le bonheur de tous dans cette Maison, permettez aux plus jeunes de vos enfants de vous exprimer la joie qu'elles éprouvent en vous offrant leurs respectueuses félicitations.

Comment garder, sans les dire, les sentiments de nos âmes, nos actions de grâces, nos acclamations et nos vœux, à la pensée des bénédictions que Dieu s'est plu à répandre sur vos travaux pendant une carrière si exceptionnellement longue et belle? N'avons-nous pas été tout particulièrement l'objet de votre sollicitude, et, nous osons le dire, des tendresses de votre cœur sacerdotal? Pendant vingt-six années, toutes et chacune, au pensionnat, n'ont-elles pas été comblées des témoignages de votre bonté? Qui de nous n'a mis à l'épreuve votre inépuisable indulgence? Aussi est-ce pour nous un devoir bien doux de vous exprimer, en cette circonstance, non-seulement en notre nom, mais au nom de nos sœurs aînées, au nom des mères même de plusieurs d'entre nous, qui nous ont précédées au pensionnat, les sentiments profondément respectueux, la vive reconnaissance que nous inspirent le dévouement sans bornes et la paternelle affection dont vous nous avez sans cesse entourées.

Vous exprimerons-nous, Monsieur l'Abbé et bon Père, combien nous avons été émues des tendres et vifs regrets avec lesquels, l'hiver dernier, vos forces ne répondant plus à votre zèle, vous avez dû renoncer à nous consacrer désormais une partie de votre temps et de vos fatigues. Ces regrets, nos cœurs les ont ressentis, ils les ressentent encore, profonds, ineffaçables. Mais il nous a semblé qu'en confiant le soin de nos âmes au prêtre dévoué que nous aimions déjà, pour l'affection filiale qu'il vous a toujours témoignée, vous avez voulu adoucir votre peine et la nôtre, et nous indiquer que vous entendiez rester toujours le Père de celles qui ne cesseront jamais de se dire vos enfants. Aussi, en répondant aux soins touchants qu'il nous prodigue, croirons-nous vous donner le meilleur témoignage de notre affectueuse et inaltérable reconnaissance.

Daigne le Seigneur exaucer les prières que lui adressent pour vous vos enfants, inexprimablement heureuses de vous voir entouré aujourd'hui de tant de témoignages d'affectueuse estime, de respectueuse sympathie, de filial attachement et de vénération ! Puissiez-vous, pendant longtemps encore, continuer, dans cette Maison bénie, le bien que vous y accomplissez depuis un demi-siècle ; puissions-nous, durant de longues années, recevoir encore vos sages conseils, nous incliner sous vos paternelles bénédictions, admirer cette vie si modeste et toutefois si pleine d'œuvres et de vertus ! Si prolongée que Dieu fasse votre existence, qui nous est si précieuse, elle ne le sera jamais autant que vos enfants le souhaitent, que leur cœur le désire et que le demandent leurs prières les plus ardentes.

Voici, enfin, une pièce de vers, admirablement, d'ailleurs, appropriée à la circonstance; et qui fut déclamée par Mademoiselle S. F... Nous ne pouvons que féliciter cette jeune élève d'avoir si bien fait ressortir la pensée du poète, dont l'élévation n'échappera à personne.

A M. L'ABBÉ FURON.

Eh bien oui ! malgré tout, malgré le flot qui monte
Prêt à nous engloutir, sous son linceul mouvant ;
Malgré la lâcheté, l'impudence et la honte,
Qui se donnent la main pour marcher en avant ;

Il est encor des jours, même au siècle où nous sommes,
Où le prêtre en prière, aux abords du saint lieu,
Peut, relevant la tête à la face des hommes,
Bénir l'instinct sacré qui le poussa vers Dieu.

Voilà ce qu'on disait, en vous voyant paraître,
O patriarche, ô prêtre,
Père toujours si bon, vieux chêne encor si vert ;
Voilà ce qu'on disait, dans notre sanctuaire,
Où nos sœurs, ce matin, nos mères bien-aimées,
Et nous toutes, enfants, dont le cœur est sincère,
Fêtions dans un commun concert
Vos noces d'or renouvelées...

Les yeux qui vous voyaient, versaient de douces larmes,
Quand, debout à l'autel, avec vos cheveux blancs,
Vous portiez devant Dieu, vieux soldat sous les armes,
Le poids pourtant si lourd de vos quatre-vingts ans.

Oh ! oui, vous étiez beau, laissez-moi vous le dire,
De cette beauté calme où le divin respire,
Qui vous éclaire l'âme et fait penser au ciel ;
Et sur ce front serein, que votre âge décore,
Nous croyions percevoir un rayon de l'aurore
Qui resplendit au seuil du séjour immortel...

Et vous êtes heureux d'un bonheur dont la terre
Ne connaît pas la volupté ;
Car, bien que toujours solitaire,
Vous sentez que vous êtes père,
Mais d'une autre paternité !

Et comme ce vieillard de la Judée antique,
Qui vit le Christ enfant, et le mit sur son cœur,

Peut-être, vous chantez le suprême cantique
Du suprême bonheur :
« J'ai béni le troupeau que ma main, dans ta voie,
« Cinquante ans, ô mon Dieu, conduisit sans faillir,
Maintenant, c'est assez de joie ;
« Dans votre paix, Seigneur, je veux bien m'endormir. »

Mais l'heure est encor loin, votre troupeau l'espère,
Où nous devrons, ô notre Père,
Gémir sur votre âme envolée aux cieux.
Votre âme et votre corps sont toujours pleins de sève,
Et l'on croit que l'on rêve,
Lorsqu'on entend de vous que vous êtes si vieux !...

Pour nous, qui contemplons votre belle vieillesse,
O noble vétéran, nous ne formons qu'un vœu,
C'est de vous voir longtemps bénir notre jeunesse,
Et de vivre ici-bas, comme vous, sans faiblesse,
Pour le prochain !... Pour Dieu !...

Le souffle, si religieusement affectueux, de cette poésie, fit verser bien des larmes..... Mais, qui ne sait que Dieu a permis que les larmes, ici-bas, servissent à exprimer les sentiments les meilleurs de l'âme, lorsque la parole est impuissante à les redire ?... Ces sentiments de l'assistance n'étaient autres alors qu'un acte de reconnaissance pour Dieu qui garde les vieillards, avec un profond respect et une vénération sans bornes, pour le saint prêtre dont on fêtait ainsi les noces d'or comme Chapelain ; mais on éprouvait, en même temps, un immense bonheur à voir se produire au grand jour, en son honneur, une si grande variété de témoignages de gratitude et d'affection.

De toutes petites filles vinrent ensuite apporter de gros bouquets à Monseigneur et à M. Furon. L'une d'elles dit à S. G. : « Monseigneur, je n'ai que quatre ans ; je ne peux pas vous faire de compliment. » Une autre, s'adressant à M. Furon, lui récita ces quatre vers :

Pour chanter les vertus qui sont votre apanage,
Je n'ai pas assez de talent ;
J'ai, pour tout bien, un cœur reconnaissant,
Daignez en accepter l'hommage.

M. Furon embrassa les mignonnes fillettes, et Monseigneur leur distribua des dragées. Répétons notre vieux proverbe : Les extrêmes se touchent et sympathisent.

C'est alors que M. l'abbé Furon prit la parole. Il remercia d'abord Monseigneur l'Evêque de Bayeux de l'honneur qu'il lui avait fait en assistant à la cérémonie. — Il rappela ensuite brièvement les longues années qu'il avait passées au Bon-Sauveur, depuis le 13 février 1839, sous la direction d'abord de M. Jamet, restaurateur de la Communauté ; puis, de

M. Youf, de vénérée mémoire, auquel succéda bientôt le second M. Jamet, neveu du premier, et héritier de son affection pour le Bon-Sauveur ; et, enfin, sous la direction de M. Goudier, qui, depuis quelques années seulement, a succédé à M. Desprez, comme supérieur. Tous et chacun d'eux, pendant cette longue période, lui prodiguèrent leurs bons conseils et leur affectueuse sympathie ; mais il remercia tout particulièrement M. Goudier, vicaire général, de lui avoir accordé sa bienveillance et son amitié : sentiments auxquels il ne saurait demeurer insensible, surtout après les paroles si affectueuses qu'il avait entendues le matin même. — Puis, s'adressant à MM. les Chapelains, il leur exprima toute sa gratitude pour la cordialité de leurs rapports mutuels, et pour l'affection vraiment filiale qu'ils voulaient bien lui témoigner. Cette affection, dont il avait reçu ce même jour, le témoignage le plus complet et le plus éclatant, était, parmi tous les bonheurs de cette journée, le plus délicat et le plus consolant. — Parlant ensuite à ces Dames du Bon-Sauveur, il leur rappela qu'il leur avait donné, sans réserve, toutes ses forces et toute son activité ; et qu'entre la Communauté et lui, c'était à la vie et à la mort. Il avait, d'ailleurs, reçu pendant ses cinquante ans de Chapelain, tant de témoignages de respect et de déférence qu'il osait à peine en rappeler le souvenir, pour ne pas mettre sa reconnaissance au-dessous de ses obligations. — Mais si, par la grâce de Dieu, il avait pu faire quelque bien dans la Communauté, ce bien avait été admirablement favorisé par le bon esprit, par la piété et la vertu religieuse qui règnent dans la Maison, et dont il ne saurait faire un trop complet éloge...

Enfin, laissant le passé et le présent, sa pensée devança l'avenir. Il sentait bien qu'il était arrivé à la fin de sa carrière ; cependant, rappelant les paroles de saint Martin à ses disciples, qu'on lui avait dites avec tant d'à-propos le matin, il les répétait, lui aussi, du fond de son cœur : « *Si adhuc sum necessarius, non recuso laborem.* — Si Dieu juge que je sois encore, non pas nécessaire, mais simplement utile, je ne refuse pas le travail. » Et il protesta que, tant que ses forces physiques lui permettraient de les accomplir, il serait fidèle à tous ses devoirs de Chapelain... — Ses cheveux blancs et ses quatre-vingts ans l'avertissaient du compte qu'il devrait bientôt rendre à Dieu de sa vie ; mais il ne demandait qu'une chose, c'est de pouvoir, quelle que soit plus tard la volonté de la Providence, arrivé au soir de son existence, dire comme saint Paul : « *Bonum certamen certavi, cursum consummavi, fidem servavi, in reliquo reposita est mihi corona justitiæ...* J'ai combattu le bon combat, j'ai consommé ma course, j'ai servi la foi de Jésus-Christ, il ne me reste plus qu'à attendre la couronne de justice que Dieu réserve à ses élus (1). »

C'est dans ces sentiments qu'il réclama, avec instance, les prières et les suffrages de tous les membres de la Communauté et de tous les étrangers présents à cette cérémonie...

Touchantes paroles que celles-là! Sentiments élevés qui indiquent bien une âme vraiment sacerdotale!

Monseigneur l'Évêque de Bayeux daigna lui-même faire son compliment. S. G. dit qu'Elle était heureuse de s'associer à tous les témoignages de respect prodigués par la Communauté à son vénéré Chapelain. On n'en saurait jamais trop faire pour honorer un saint prêtre rempli de sa vocation!... Et quand ce prêtre, pendant cinquante ans, a consacré sa vie et ses forces à une œuvre de dévouement quotidien, la reconnaissance ne peut jamais être trop grande. C'est dans ces pensées que S. G. Elle-même tenait à témoigner publiquement de son affection et de son respect pour

(1) II. *Timoth.*, IV, 7-8.

le vénéré M. Furon ! Monseigneur lui en accorda finalement une marque incontestable, puisqu'il lui donna, en présence de tous, l'accolade fraternelle, suprême symbole de l'estime et de l'affection !...

Au reste, nous pouvons bien le dire, sans craindre d'être démenti par personne : Monseigneur l'Évêque de Bayeux peut connaître dans le clergé de son Diocèse des prêtres aussi pieux, aussi vertueux, aussi zélés, aussi distingués par la science et aussi méritants que M. Furon ; mais il ne doit pas en connaître qui possèdent cet ensemble de qualités sacerdotales, dans un degré plus éminent.

La séance allait prendre fin ; on avait célébré tous les mérites et toutes les vertus sacerdotales de M. Furon, il fallait bien fêter aussi sa physionomie ; elle est toujours souriante. On chanta le sourire :

LE SOURIRE.

REFRAIN.

Ah ! puissiez-vous encor sourire
Longtemps, malgré quatre-vingts ans,
Nous tenons à vous le redire,
C'est le souhait de vos enfants !...

Le sourire emprunte ses charmes
Aux sentiments qu'il nous traduit ;
Il bannit la crainte et les larmes ;
Il part du cœur, il y conduit.

Dieu donne aux lèvres le sourire
Comme sa parure à la fleur,
Comme ses doux sons à la lyre,
Comme l'amour à notre cœur.

Dans le sourire se révèle
La douceur de la charité,
Qui prend sous son humble tutelle
L'indigence et l'infirmité.

Du sourire la bienveillance
Invite les cœurs à s'ouvrir,
Et leur montre, exaucé d'avance,
Si Dieu l'approuve, leur désir.

Le sourire est une parole
Dont on ne s'offense jamais ;
Il adoucit, calme, console,
Il rend l'espérance et la paix.

Le sourire d'un tendre père
Annonce à ses enfants joyeux
Que leurs vertus ont su lui plaire
Et qu'il trouve sa joie en eux.

Le paradis, c'est un sourire ;
On n'y saurait jamais pleurer,
Puissions-nous tous dans cet empire
Ensemble un jour, nous retrouver !

NIL

Monseigneur, souriant lui-même et visiblement heureux du bonheur de tous, donna sa bénédiction à l'assistance qui se retira ensuite sous le charme, on peut bien le dire, de cette fête admirable de toutes parts....

Quelques jours après, chacun des heureux témoins de cette cérémonie recevait une image, en souvenir des cinquante années de ministère sacerdotal de M. Furon à la Communauté du Bon-Sauveur de Caen. Au dos de cette image, on avait fait imprimer les passages suivants de nos saints Livres :

Le bon Pasteur donne sa vie pour ses brebis.
(S. Jean, X, 11).

Dieu m'est témoin, et vous savez qu'envers chacune de vous, j'ai agi comme un père avec ses enfants, vous exhortant, vous consolant et vous conjurant de vivre d'une manière digne de Dieu, qui vous a appelées à son royaume et à sa gloire... Aussi, quelle est mon espérance, ma joie et la couronne de ma gloire, devant Notre Seigneur Jésus-Christ, au jour de son avénement ?... C'est vous...

Je supplie Dieu de multiplier les membres de votre famille religieuse, de faire croître, de plus en plus, la charité que vous avez les unes envers les autres et envers tous ceux qui vous sont confiés, et de la rendre aussi grande que la nôtre l'est pour vous. (S. Paul, I, *aux Thessal.*, II-III).

Ajoutez, Seigneur, des jours à ses jours, que ses années s'étendent à plusieurs générations.
(Ps. LX, 7).

Tels sont les souvenirs que nous avons pu recueillir sur la fête de Cinquantaine de M. l'Abbé Furon, comme Chapelain du Bon-Sauveur. Est-il besoin de dire, en terminant, que nous les avons réunis pour être consignés en cet opuscule ; non seulement sous l'impression du respect dû à un vieillard ; non seulement sous l'empire de la vénération que tout prêtre doit à ses aînés et à ses modèles dans le sacerdoce ; mais encore avec un sentiment plus délicat et plus exquis ; car, au respect et à la vénération, venait se joindre pour nous, à cause des liens de famille qui nous unissent, une piété presque filiale, qui nous rendait notre tâche agréable et facile !... Nous n'avons qu'un regret, c'est d'avoir omis bien des détails... On s'était tant ingénié de toutes parts, pour témoigner sa reconnaissance à M. Furon !...

Le Bon-Sauveur tout entier avait montré tant de zèle et tant d'enthousiasme pour célébrer les noces d'or de son vénéré Chapelain ; fête unique jusque-là dans ses annales !... Comment tout recueillir ?... Qui ne sait que si consciencieux que soit son travail, il est bien rare que le moissonneur ne laisse pas échapper quelque épi ? .. C'est là notre excuse, pour nos omissions involontaires... Rien n'est perdu cependant, car, après la récolte, les oiseaux du ciel viennent glaner ce qui a été oublié. C'est là notre espérance... Puissent les Anges du Ciel recueillir, eux aussi, pour les porter aux pieds du Seigneur, qui ne manquera pas de les récompenser, les témoignages de respect et de vénération les plus ignorés, par lesquels tous et chacun ont voulu, le mardi 11 juin 1889, honorer M. l'Abbé Faron, avec lui, le sacerdoce de Jésus-Christ dont il est revêtu depuis cinquante-six ans, et dans sa personne un saint prêtre, partout et toujours fidèle à tous ses devoirs ; le modèle, en un mot, du clergé du diocèse de Bayeux, et la gloire du Bon-Sauveur de Caen !...

L. J. C.

L'Abbé Letourneur.

Bayeux. — O. Payan, impr. de Mgr l'Évêque.

www.ingramcontent.com/pod-product-compliance
Ingram Content Group UK Ltd.
Pitfield, Milton Keynes, MK11 3LW, UK
UKHW020357180726
13839UKWH00003B/1152